AF170062

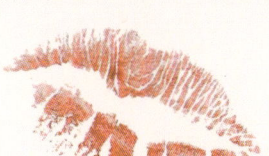

Barbara Rose Volker Fredrich

Küsschen? Bäh!

TULIPAN VERLAG

Tante Lissi kommt zu Besuch.
Tante Lissi mit ihrem Pudel Rudi.
Rudi mit der roten Schleife.
Leo mag Tante Lissi, weil sie so viel lacht.
Ihren großen Mund mit der roten Farbe mag Leo nicht. Tante Lissi riecht auch ein bisschen komisch, findet Leo.
Nach ihrem Pudel Rudi.

»Gib mir ein Küsschen, Leolein«, sagt Tante Lissi und spitzt die roten Lippen. »Nö«, sagt Leo, »will nicht.«

Nö!

Tante Lissi lacht, zieht Leos Kopf zu sich und gibt ihm einen dicken Kuss.
»Schmatz«, macht Tante Lissi.
»Bäh«, macht Leo.

Onkel Fred ist Papas bester Freund. Onkel Fred fährt Rennrad und spielt Fußball. Im Winter geht er mit Papa und Leo Ski fahren, im Sommer zum Schwimmen. Onkel Fred ist Sportlehrer. Wenn Leo groß ist, will er werden wie Onkel Fred. Aber ohne Bart. Der pikst nämlich, findet Leo. Stachelhaare im Gesicht, wie ein Igel.

Heute spielt Onkel Fred Karten mit Leos Papa.
Leo muss ins Bett. Er will Papa noch Gute Nacht sagen.
»Komm, gib dem Onkel auch einen Kuss«, brummelt Onkel Fred.
»Nö«, sagt Leo, »nur meinem Papa.«

Onkel Fred schnappt Leo am Schlafanzug,
tätschelt ihm die Backen und kneift hinein.
Zieht Leo an seinen piksenden Mund.
»Feines Küsschen«, ruft Onkel Fred und lacht.
»Bäh«, sagt Leo.

Oma Else hat lustige Augen und runzelige Haut.
Leo mag Oma Else, vor allem, wenn sie ihm Bücher vorliest.
Oma Else steht im Bad. Ohne ihre Zähne, die schwimmen neben der Sprudeltablette im Wasserglas.
Blaues Wasser, gelbe Zähne.
Leo guckt begeistert.

»Moggen«, sagt die zahnlose Oma.
»Schüscher Schatsch.«
Mitten in ihrem Faltengesicht formt
Oma einen Kussmund.
Komischer Mund, so ohne Gebiss.
»Küschen, Schatsch, Küschen«,
zischelt die Oma ohne Zähne.
»Nö«, sagt Leo.
Zu spät.

Am Samstag sind alle zu Papas Geburtstag eingeladen. Oma Else und Onkel Fred, Tante Lissi und Rudi mit der roten Schleife. Leo winkt einmal ganz schnell in die Runde, läuft in sein Zimmer und spielt. Besser so, das sind viel zu viele Leute auf einmal. Wenn die jetzt alle ... bloß nicht!

Leos großer Bruder Tobias klopft an die Tür.
»Du sollst sofort runterkommen! Alle sind da. Nur du fehlst noch. Leo mit dem Kussmündchen!« Tobias lacht.
»Nö«, sagt Leo. »Will nicht.«
»Musst du aber«, sagt Tobias.
»Aber dann küssen wieder alle. Bäh!«, sagt Leo.
»Selbst schuld«, sagt Tobias.
Dann geht er.

Bäh!

Tobias wird nie geküsst.
Einmal hat er gerülpst, als Tante Lissi
ihm einen Schmatz geben wollte.
Kann einem ja mal passieren,
wenn man nicht geküsst werden will.

Leo geht nicht ins Wohnzimmer.
Er bleibt in seinem Zimmer und spielt.
Amelie kommt rein, Leos Schwester.
»Was ist mit dir los? Papa hat Geburtstag.
Du sollst sofort runterkommen.«
»Nö«, sagt Leo. »Alle wollen immer
küssen. Bäh!«

Amelie zuckt mit den Schultern.
Sie schreit immer schon vorher,
wenn sie nicht will, dass einer sie küsst.
Wenn Amelie schreit, wackeln die Wände.

Leo hört auf zu spielen und geht in die Küche.
Heimlich. Da steht die riesige Schokoladentorte
für Papa. Leo isst zwei große Stücke. Sein Mund
ist ganz verschmiert mit Sahne und Schokolade.
Dann nimmt er einen Becher und rührt Wasser,
Pfeffer, Ketchup und Milch zusammen.
Schmeckt grässlich, riecht grässlich.
Leo gurgelt ein paarmal mit der Pampe.
Ganz vorsichtig, der Schokomund soll bleiben.

Leo geht ins Wohnzimmer.
»Küsschen für alle!«, ruft er.

»Bitte nicht«, flötet Tante Lissi.
Onkel Fred schüttelt sich. »Muss nicht sein.«
»Moggen wieder. Heute lieber nischt«,
nuschelt Oma Else. Weil sie ihre Zähne
schon wieder falsch eingesetzt hat.
Egal. Leo hört gar nicht hin. Er drückt einen
dicken Schoko-Ketchup-Pampenkuss
auf Tante Lissis Lippen, auf die von
Onkel Fred und Oma Else.

»Schmatz!«, ruft Leo nach jedem Kuss.
»Bäh!«, sagen alle.

Schmatz!

Bäh!

Barbara Rose ist Kinder- und Jugendbuchautorin und Journalistin. Über zehn Jahre lang hat sie sich Geschichten fürs Fernsehen ausgedacht und Sendungen für Kinder und Jugendliche im Radio moderiert. Inzwischen arbeitet sie als freie Autorin und kann das tun, was ihr am meisten Spaß macht: Bücher schreiben und daraus vorlesen. Sie wohnt mit ihrem Mann und ihren vier Kindern in der Nähe von Stuttgart.

Volker Fredrich, geboren 1966 in Mühldorf am Inn (Bayern), hat nach einer pädagogischen Ausbildung Illustration an der FH Hamburg studiert. Er ist Mitbegründer der Ateliergemeinschaft »Atelier 9« in Hamburg und arbeitet seit 1996 als freier Illustrator für verschiedene deutsche Kinder- und Schulbuchverlage. Volker Fredrich lebt mit seiner Frau und zwei Kindern in Hamburg.

Besucht uns auf  Facebook und Instagram!

TULIPAN-Newsletter
Tolle Lesetipps kostenlos per E-Mail!
www.tulipan-verlag.de

© Tulipan Verlag GmbH, München 2018
Alle Rechte vorbehalten
1. Auflage 2018
Text: Barbara Rose
Vermittelt durch die Literaturagentur Arteaga
Bilder: Volker Fredrich
Vermittelt durch die Literarische Agentur Barbara Küper
Gestaltung: Anette Beckmann
Druck: Grafisches Centrum Cuno GmbH & Co. KG, Calbe
ISBN 978-3-86429-366-5